Impressum
Verlag: BABADADA GmbH, Nedderfeld 112 , 22529 Hamburg
Geschäftsführer / Verlagsleitung: Harald Hof
Druck: Books on Demand GmbH, In de Tarpen 42, 22848 Norderstedt

Imprint
Publisher: BABADADA GmbH, Nedderfeld 112 , 22529 Hamburg, Germany
Managing Director / Publishing direction: Harald Hof
Print: Books on Demand GmbH, In de Tarpen 42, 22848 Norderstedt, Germany

ትምህርት ቤት

школа

መማሪያ ክፍል
учиона
ማካፈል
делити
186/2
ሰሌዳ
плоча
የትምህርት ቤት ቅጥር ግቢ
школско двориште
መምህር
наставник
ወረቀት
папир
писати
እስክሪብቶ
хемијска оловка
መፃፊያ ጠረጴዛ
писаћи стол
ማስመሪያ
лењир
መጽሐፍ
књига
ተማሪ
ученик

የጀርባ ቦርሳ

торба

የእርሳስ መያዣ

перница

እርሳስ

графитна оловка

የእርሳስ መቅረጫ

шиљило за оловке

ላጲስ

гумица за брисање

የስዕል ደብተር

блок за цртање

ስዕል

цртеж

የቀለም ብሩሽ

кист

የቀለም ሳጥን

кутија са бојама

ቀስ

маказе

ጣበቂያ

лепило

ል ጃ ደብተር

бележница

የቤት ስራ

домаћи задатак

ቁጥር

број

2+2

ደ ር

сабирати

5-2

ቀነስ

одузимати

2×2

ባዛት

множити

ቁጥሮችን ስላት

рачунати

ደብዳቤ

слово

ፊደላት

абецеда

ቃል

реч

ዕሑፍ
....
текст

ማንበብ
....
читати

ጠመኔ
....
креда

ትምህርት
....
час

ምዝገባ
....
дневник

ፈተና
....
испит

ሰርተፊኬት
....
сведочанство

የትምህርት ቤት የደንብ ልብስ
....
школска униформа

ትምህርት
....
образовање

አዉደ ጥበብ
....
лексикон

ዩኒቨርስቲ
....
универзитет

የምርምር አጉሊ መሳርያ
....
микроскоп

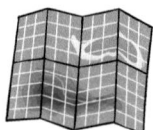

ካርታ
....
карта

የቆሻሻ ወረቀት መጣያ ቅርጫት
....
кошара за папир

Grand
ሆቴል
хотел
ROOMS
ማረፊያ ቤት
преноћиште
የዉጭ ገንዘብ ምንዛሪ ቢሮ
мењачница
ልብስ መያዣ ሻንጣ
кофер
መኪና
ауто

ቋንቋ

језик

አዎ/ አይደለም

да / не

እሺ

океј

ሰላም

здраво

አስተርጓሚ

преводилац

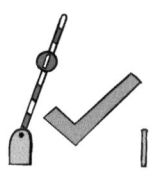

አመሰግናለሁ

хвала

ስንት ነዉ.......?

....

Колико кошта...?

አልገባኝም

....

не разумем

እክል

....

проблем

እንደምን አመሹ!

....

добро вече!

እንደምን አደሩ!

....

Добро јутро!

መልካም ምሽት!

....

Лаку ноћ!

ደህና ይሰንብቱ

....

довиђења

አቅጣጫ

....

смер

ሻንጣ

....

пртљага

ቦርሳ

....

торба

የጀርባ ቦርሳ

....

руксак

እንግዳ

....

гост

ክፍል

....

соба

የመተኛ ቦርሳ

....

врећа за спавање

ድንኳን

....

шатор

የጎብኚዎች መረጃ
....
туристичке информације

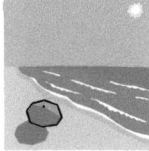

የባህር ዳርቻ
....
плажа

ክሬዲት ካርድ
....
кредитна картица

ቁርስ
....
доручак

ምሳ
....
ручак

እራት
....
вечера

ቲኬት
....
карта за вожњу

አሳንስር
....
лифт

ማህተም
....
поштанска маркица

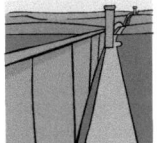

ድንበር
....
граница

ባህሎች
....
царина

ኤምባሲ
....
амбасада

ቪዛ/የይለፍ ወረቀት
....
виза

ፓስፖርት
....
пасош

መጓጓዣ

транспорт

አዉሮፕላን
авион
መርከብ
брод
የእሳት አደጋ መኪና
ватрогасно возило
አዉቶብስ
аутобус
የጭነት መኪና
теретно возило
የሞተር ጀልባ
моторни чамац
ብስክሌት
бицикл
መኪና
ауто

የማመላለሻ ጀልባ

траjект

ጀልባ

чамац

የሞተር ብስክሌት

мотоцикл

የፖሊስ መኪና

полицијски ауто

የዉድድር መኪና

тркаћи ауто

የኪራይ መኪና

изнајмљено ауто

የመኪና መጋራት

делење аутомобила

ጎታች መኪና

вучно возило

የቆሻሻ ጭነት መኪና

возило за одвоз смећа

ሞተር

мотор

ነዳጅ

бензин

የቤንዚን ማደያ

бензинска станица

የመንገድ ምልክት

саобраћајни знак

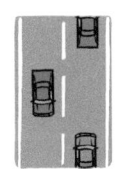

የመኪኖች እንቅስቃሴ

саобраћај

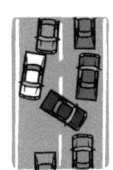

የመኪና መጨናነቅ

застој

የመኪና ማቆሚያ

паркиралиште

የባቡር ጣቢያ

железничка станица

የባቡር ሀዲዶች

шине

ባቡር

воз

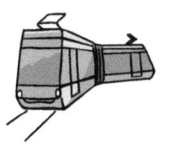

የኤሌክትሪክ ባቡር

трамвај

ሰረገላ

вагон

ሄሊኮፕተር

хеликоптер

አየር ማረፊያ

аеродром

ማማ

кула

መንገደኛ

путник

ማስቀመጫ፤ ማጠራቀሚያ

контејнер

ካርቶን እቃ ማሸጊያ

картон

ጋሪ፤ ተሳቢ

колица

ቅርጫት

корпа

መነሳት/ ማረፍ

узлетети / слетети

ከተማ

град

መንደር

село

የከተማ ማዕከል

центар града

ቤት

кућа

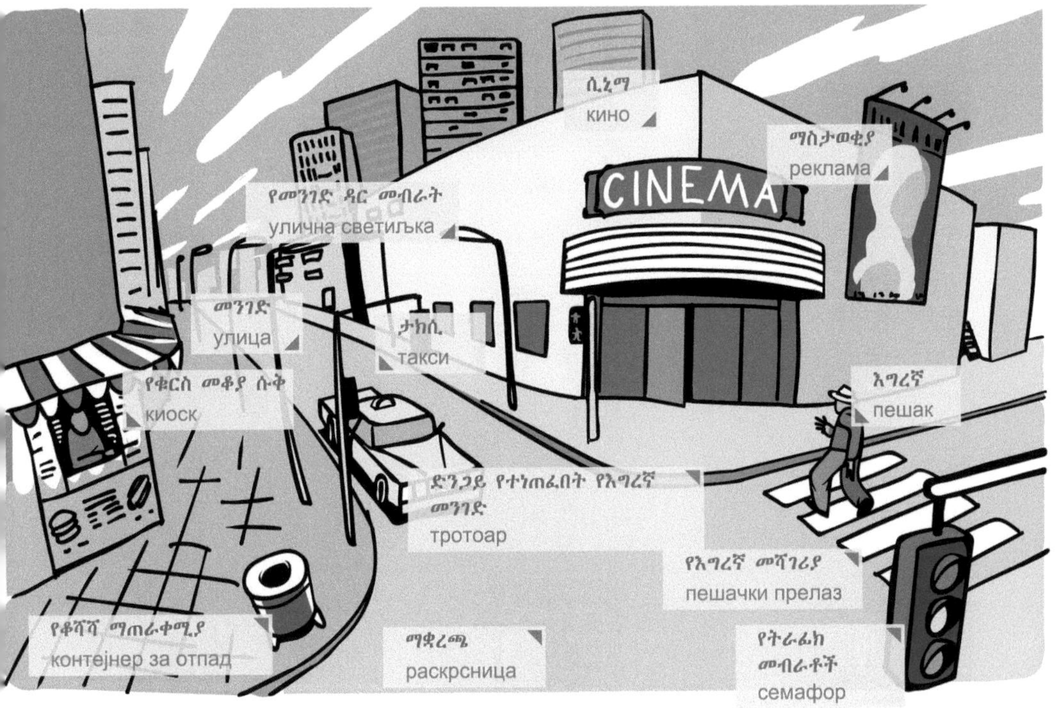

CINEMA
ሲኒማ
кино
ማስታወቂያ
реклама
የመንገድ ዳር መብራት
улична светиљка
መንገድ
улица
ታክሲ
такси
የቁርስ መቆያ ሱቅ
киоск
እግረኛ
пешак
ድንጋይ የተነጠፈበት የእግረኛ መንገድ
тротоар
የእግረኛ መሻገሪያ
пешачки прелаз
የቆሻሻ ማጠራቀሚያ
контејнер за отпад
ማቋረጫ
раскрсница
የትራፊክ መብራቶች
семафор

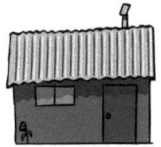

ጎጆ

колиба

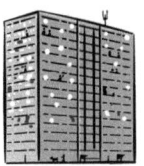

አፓርታማ

стан

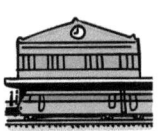

የባቡር ጣቢያ

железничка станица

የከተማ አዳራሽ

већница

MUSEUM

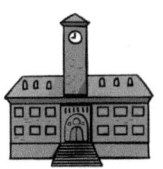

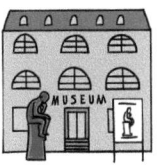

ቤተ መዘክር

музеј

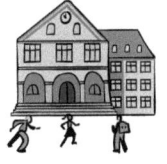

ትምህርት ቤት

школа

ዩኒቨርስቲ

....

универзитет

ባንክ

....

банка

ሆስፒታል

....

болница

ሆቴል

....

хотел

መድሐኒት ቤት

....

апотека

ቢሮ

....

канцеларија

መፅሐፍ መሸጫ

....

књижара

ሱቅ

....

продавница

የአበባ መሸጫ

....

цвећара

የሸቀጣ ሸቀጥ መደብር

....

супермаркет

ገበያ ስፍራ

....

трг

መደብር

....

робна кућа

የዓሳ ነጋዴ

....

рибарница

የገበያ ማዕከል

....

трговачки центар

ወደብ

....

лука

መናፈሻ ቦታ

парк

አግዳሚ ወንበር

клупа

ድልድይ

мост

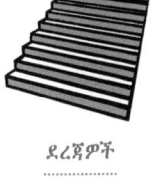

ደረጃዎች

степенице

ዉስጥ ለዉስጥ

подземна железница

ዋሻ

тунел

የአዉቶቡስ ፌርማታ

аутобуска станица

ባር

бар

ምግብ ቤት

ресторан

የፖስታ ሳጥን

поштанско сандуче

የመንገድ ምልክት

улични знак

የመኪና ማቆሚያ ሒሳብ የሚያሰላ ማሽን

паркирни аутомат

የደር እንስሳት ማቆያ

зоолошки врт

የመዋኛ ገንዳ

базен

መስጊድ

џамија

እርሻ

сеоско газдинство

የሚበክል ነገር

загађење околине

መቃብር ስፍራ

гробље

ቤተ ክርስቲያን

црква

መጫወቻ ሜዳ

игралиште

ቤተ መቅደስ

храм

መልከዓምድር

пејзаж

ቅጠል
лист

የመንገድ ላይ ምልክት
путоказ

መንገድ
пут

አረንጓዴ መስክ
ливада

በእግሩ የሚጓዝ
шетач

ድንጋይ
камен

ዛፍ
дрво

ወንዝ
река

ሳር
трава

አበባ
цвет

ሸለቆ

долина

ኮረብታ

планина

ሀይቅ

језеро

ጫካ

шума

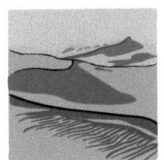

በረሃ

пустиња

እሳተ ገሞራ

вулкан

ግምብ

дворац

ቀስተ ዳመና

дуга

እንጉዳይ

гљива

የቴምብር ዛፍ/ ዘንባባ

палма

ቢንቢ/ የወባ ትንኝ

москито

በራሪ

мува

ጉንዳን

мрав

ንብ

пчела

ሸረሪት

паук

ጢንዚዛ

....

буба

እንቁራሪት

....

жаба

ሽኮኮ

....

веверица

ጃርት

....

јеж

ጥንቸል

....

зец

ጉጉት ወፍ

....

сова

ወፍ

....

птица

የዉሃ ዳክዬ

....

лабуд

ከርከሮ

....

дивља свиња

አጋዘን

....

јелен

አጋዘን

....

лос

ግድብ

....

насип

በነፋስ የሚሽከረከር

....

ветрењача

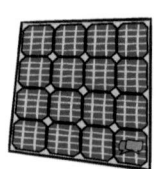

የፀሀይ ፓኔሎ

....

соларна плоча

አየር ንብረት

....

клима

አስተናጋጅ
конобар

ማዉጫ
јеловник

ወንበር
столица

ፒሳ
пица

ሾርባ
супа

የጠረጴዛ ጨርቅ
столњак

መክተፊያ
прибор за јело

የምግብ ፍላጎትን የሚከፍት
···ምግብ···
предјело

ዋና ምግብ
главно јело

ማጣጣሚያ ተከታይ ምግብ
десерт

መጠጦች
напитци

ምግብ
јело

ጠርሙስ
флаша

ፈጣን ምግብ

брза храна

የመንገድ ምግብ

имбис храна

የሻይ ማንቆርቆሪያ

чајник

የስኳር እቃ

доза за шећер

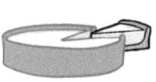

ድርሻ

порција

የቡና ማፊያ ማሽን

апарат за еспресо

ባለጌ ወንበር

висока столица

የክፍያ ደረሰኝ

рачун

ትሪ

послужавник

ቢላዋ

нож

ሹካ

виљушка

ማንኪያ

кашика

የሻይ ማንኪያ

чајна кашика

ልብስ ምግብ እንዳይነካ የሚረዳ
ጨርቅ
салвета

ብርጭቆ

чаша

ዝርግ ሰሀን

тањир

የሾርባ ጎድጓዳ ሰሀን

тањир за супу

የስኒ ማስቀመጫ

тањирић

ማጣፈጫ ስጎ

сос

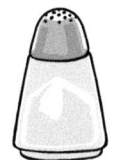

የጨዉ እቃ

сољенка

የተፈጨ ቃሪያ

млин за бибер

ኮምጣጤ

сирће

የምግብ ዘይት

уље

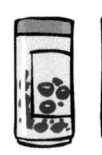

ቀመማ ቅመሞች

зачини

የቲማቲም ድልህ

кечап

ሰናፍጭ

сенф

ማዮኒዝ

мајонеза

የሸቀጣ ሸቀጥ መደብር

супермаркет

ልዩ አቅራቦት
понуда
FOR
ደምበኛ
купац
የወተት ተዋፅዖ
млечни производи
ፍራፍሬ
воће
ባለ ጎማ የእጅ ጋሪ
колица за куповину

ሉካንዳ ነጋዴ

месница

መጋገርያ

пекара

ክብደት መመዘን

вагати

ቅጠላ ቅጠል አትክልት

поврће

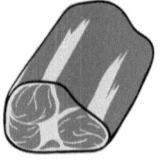

ስጋ

месо

የቀዘቀዘ/የረጋ ምግብ

смрзнута храна

ቀዝቃዛ ቁራጭ

....

нарезак

የታሸገ ምግብ

....

конзерве

የማጠቢያ ዱቄት

....

средство за прање

ጣፋጮች

....

слаткиши

የቤት ዉስጥ ዉጤቶች

....

артикли за домаћинство

የፅዳት ምርቶች

....

средства за чишћење

የሽያጭ ባለሙያ

....

продавачица

የገንዘብ መመዝገቢያ ማሽን

....

благајна

የሒሳብ ሰራተኛ

....

благајник

የግዢ ዝርዝር

....

листа за куповину

ክፍት ሰዓታት

....

време рада

የኪስ ቦርሳ

....

новчаник

ክሬዲት ካርድ

....

кредитна картица

ቦርሳ

....

торба

የፕላስቲክ ቦርሳ

....

пластична кеса

መጠጦች

напитци

ውሃ

вода

ጭማቂ

сок

ወተት

млеко

ኮካ-ኮላ

кола

ወይን

вино

ቢራ

пиво

አልኮል

алкохол

ኮካ

какао

ሻይ

чај

ቡና

кава

የተፈላ ቡና

еспресо

ካፑቺኖ

капућино

ምግብ

јело

ሙዝ

....

банана

ፖም

....

јабука

ብርቱካን

....

наранџа

ሀብሀብ

....

лубеница

ሎሚ

....

лимун

ካሮት

....

шаргарепа

ነጭ ሽንኩርት

....

бели лук

ሸምበቆ

....

бамбус

ቀይ ሽንኩርት

....

лук

እንጉዳይ

....

гљива

ለዉዝ

....

орашасти плодови

የህፃናት ምግብ

....

резанци

ፓስታ

шпагете

ሩዝ

рижа

ሰላጣ

салата

የድንች ጥብስ

помфрит

ድንች ጥብስ

печени кромпир

ፒዛ

пица

ቦ ዉስጥ በስሱ ተጠብሶ የገባ ስጋ

хамбургер

ሳንድዊች

сендвич

ጥሬ ስጋ

шницла

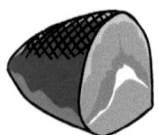

የአሳማ ስጋ

шунка

በቅመምና በጨዉ የታሸ ምግብ ቀዝቅዞ የሚበላ ሾርባ ምግብ

салама

ቋሊማ

кобасица

ዶሮ

кокош

ጥብስ

печење

አሳ

риба

የአጃ ገንፎ

зобене пахуљице

ከወተት ጋር ተደባልቀዉ የሚበሉ ምግቦች

мусли

የበቆሎ ቅርፊት

кукурузне пахуљице

ዱቄት

брашно

ኩራሳ

кроасан

ድብልብል ዳቦ

пециво

ዳቦ

хлеб

መጥበስ

тоаст

ብስኩት

кекси

ቅቤ

маслац

እርጎ

свежи сир

ኬክ

колач

እንቁላል

јаје

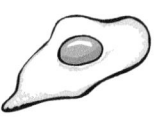

እንቁላል ጥብስ

јаје на око

አይብ

сир

የበረዶ ክሬም
....
сладолед

ስኳር
....
шећер

ር
....
мед

ር ት
....
мармелада

የተናጠ የወተት ክሬም
....
нугат крема

ጣፊጫ
....
кари

ምግብ - jeлo

сеоско газдинство

የገበሬ ቤት
сеоска кућа
የጭድ ክምር
бале сена
የእህልና የከብት ማቀመጫ ቤት
амбар
ሜዳ
поље
ፈረስ
коњ
ተሳቢ መኪና
приколица
የእርሻ መኪና
трактор
የፈረስ ዉርንጭላ
ждребе
አህያ
магарац
በግ
овца
የበግ ጠቦት
лане

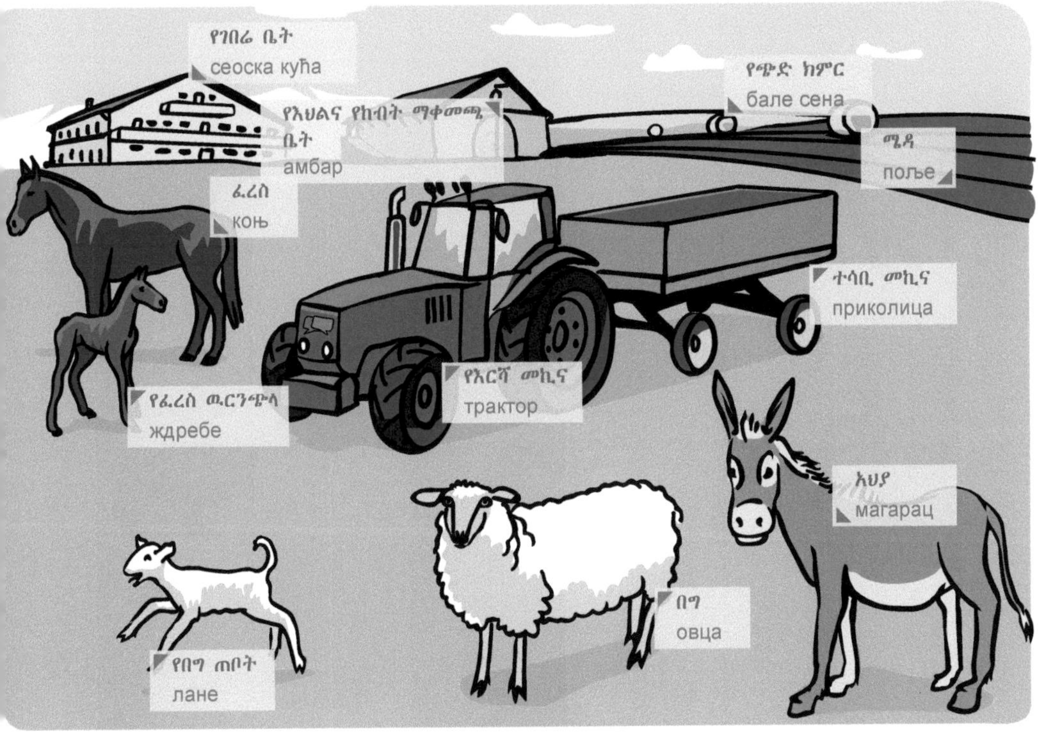

ፍየል

коза

ላም

крава

ጥጃ

теле

አሳማ

свиња

ግልገል አሳማ

прасе

ኮርማ

бик

ዝይ

....

гуска

ዳክዬ

....

патка

የዶሮ ጫጩት

....

пилићи

ዶር

....

кокош

አዉራ ዶሮ

....

петао

አይጥ

....

пацов

ደድመት

....

мачка

አይጥ

....

миш

በሬ

....

вол

ዉሻ

....

пас

የዉሻ ቤት

....

кућица за пса

የአትክልት ቦታ

....

вртно црево

ዉሃ ማጠጫ ባልዲ

....

канта за поливање

ረጅም ማጭድ

....

коса

ማረሻ

....

плуг

ማጭድ

срп

መኮትኮቻ

мотика

የእህል መንሽ

виљушка за ђубриво

መጥረቢያ

секира

ኩርኩር/ የእጅ ጋሪ

тачке

ገንዳ

корито

የወተት ዕቃ

посуда за млеко

ጆንያ ከረጢት

врећа

አጥር

ограда

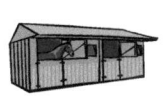

የፈረስ ጋጣ

штала

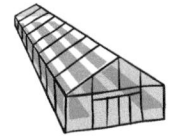

ዕፅዋት ማሳደጊያ የመስታዉት ቤት

стакленик

አፈር

земља

ዘር

семе

የመሬት ማዳበሪያ

ђубриво

ጥምር ማረሻ

комбајн

አዝመራ መሰብሰብ

....

жети

አዝመራ

....

жетва

ድንች

....

јамс зачин

ስንዴ

....

пшеница

ሶያ

....

соја

ድንች

....

кромпир

በቆሎ

....

кукуруз

የከብት መኖ

....

уљана репица

የፍሬ ዛፍ

....

воћка

የካሳቫ ዛፍ

....

гомољ маниоке

እህል

....

житарице

የጭስ ማውጫ
димњак

ጣራ
кров

አጎንዳ
жлеб

መስኮት
прозор

ገራዥ
гаража

የበር ደወል
звоно

በር
врата

የቀቆሻሻ ማጠራቀሚያ
корпа за отпад

ፖስታ ሳጥን
поштанско сандуче

የአትክልት ቦታ
врт

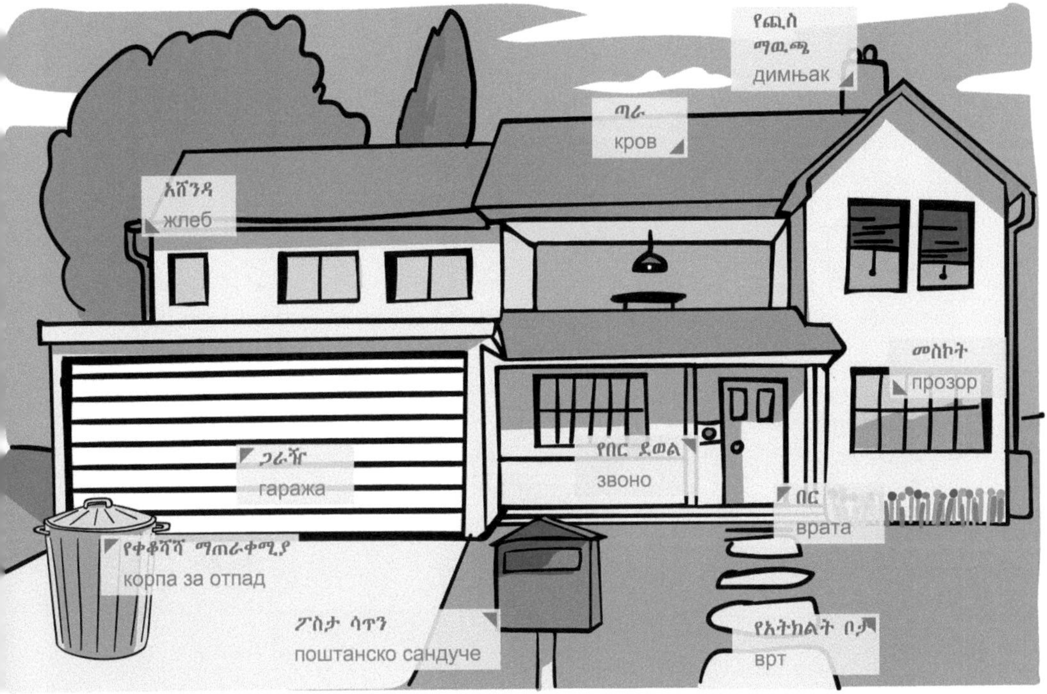

ሳሎን
дневна соба

መታጠቢያ ቤት
купаоница

ማድቤት
кухиња

መኝታ ቤት
спаваћа соба

የልጅ ክፍል
дечија соба

መመገቢያ ክፍል
трпезарија

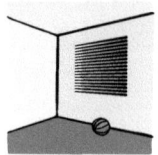

ወለል

под

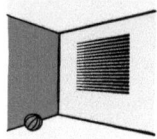

ግድግዳ

зид

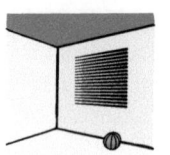

ጣሪያ

строп

ምድር ቤት

подрум

በእንፋሎት ሙቀት መታጠቢያ ቤት

сауна

ሰገነት

балкон

ከፍ ያለ መደብ

тераса

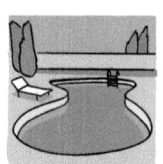

የመዋኛ ገንዳ

базен

የማጨጃ መኪና

косилица за траву

አንሶላ

постељина за кревет

የአልጋ ልብስ

дека за кревет

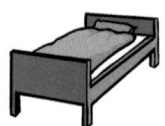

አልጋ

кревет

መጥረጊያ

метла

ባልዲ

канта

ማብሪያና ማጥፊያ

прекидач

дневна соба

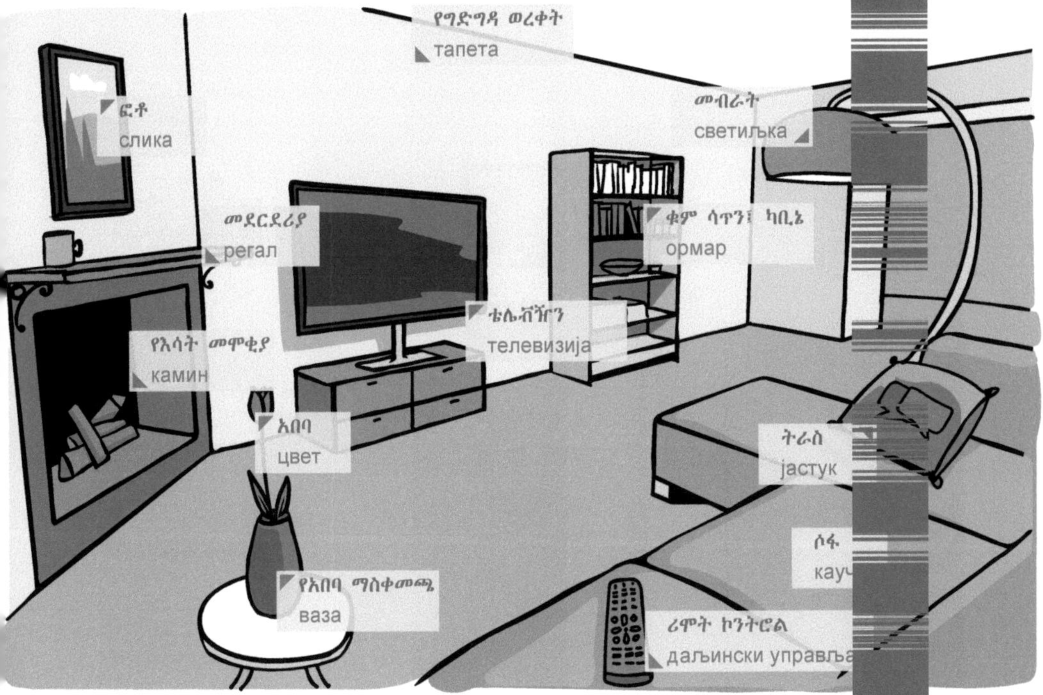

የግድግዳ ወረቀት
тапета

ፎቶ
слика

መብራት
светиљка

መደርደሪያ
регал

ቁም ሳጥን፣ ካቢኔ
ормар

ቴሌቪዥን
телевизија

የእሳት መሞቂያ
камин

አበባ
цвет

ትራስ
jастук

ሶፋ
кауч

የአበባ ማስቀመጫ
ваза

ሪሞት ኮንትሮል
даљински управља

ንጣፍ
тепих

መጋረጃ
завеса

ጠረጴ
сто

ወንበር
столица

ተወዛዋዥ ወንበር
столица за њихање

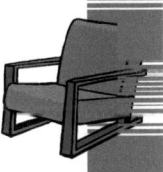

ባለመደገፊያ ወንበር
фоте

መጽሐፍ

књига

ብርድ ልብስ

дека

ጌጥ

декорација

ማገዶ

дрво за огрев

ፊልም

филм

የሙዚቃ መማጫወቻ

хи-фи уређај

ቁልፍ

кључ

ጋዜጣ

новине

ስዕል

слика на платну

የተለጠፈ ማስታወቂያ እንደ ስዕል

постер

ራዲዮ

радио

ማስታወሻ ደብተር

блок за писање

የአየር ማፅጃ ለምንጣፍ

усисивач

ቁልቋል

кактус

ሻማ

свећа

ማድቤት

кухиња

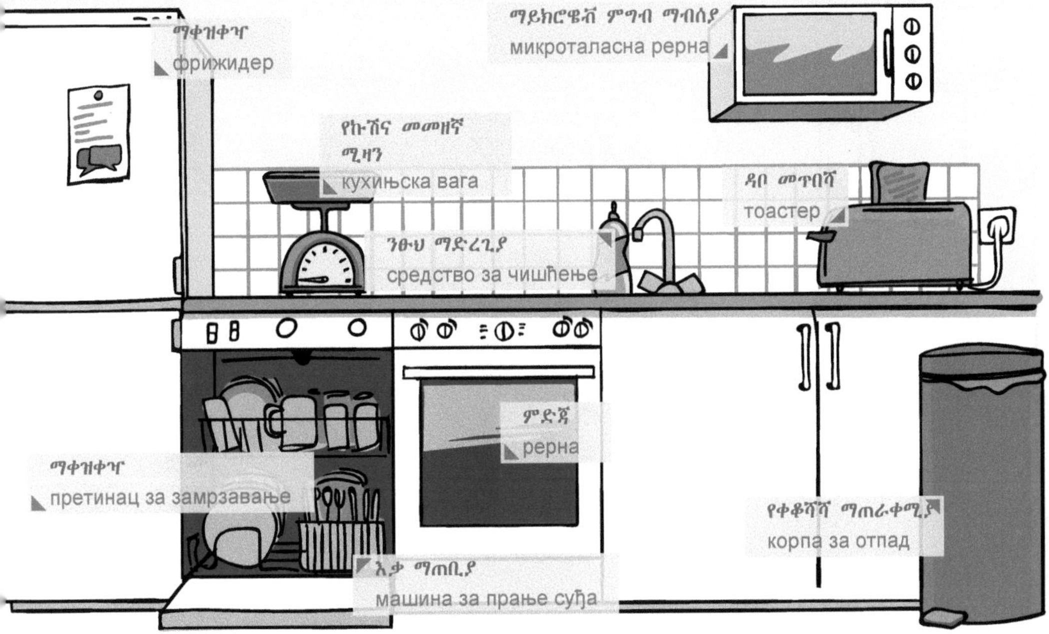
ማቀዝቀዣ
фрижидер
ማይክሮዌቭ ምግብ ማብሰያ
микроталасна рерна
የኩሽና መመዘኛ
ሚዛን
кухињска вага
ዳቦ መጥበሻ
тоастер
ንፁህ ማድረጊያ
средство за чишћење
ምድጃ
рерна
ማቀዝቀዣ
претинац за замрзавање
የቆሻሻ ማጠራቀሚያ
корпа за отпад
እቃ ማጠቢያ
машина за прање суђа

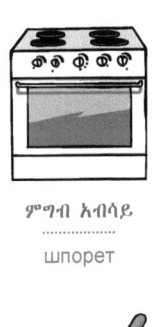

ምግብ አብሳይ

....

шпорет

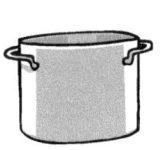

ማሰሮ

....

лонац

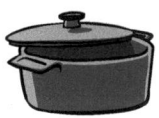

የብረት ማሰሮ

....

гвоздени лонац

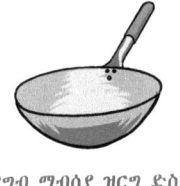

ምግብ ማብሰያ ዝርግ ድስት

....

вок / кадаи

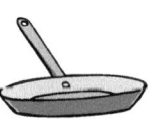

የምግብ መጥበሻ

....

тава

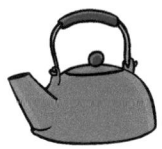

ማንቆርቆሪያ

....

кувало за воду

የእንፋሎት ማብሰያ

кувало на пару

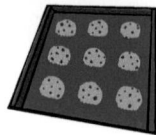

የመጋገሪያ ትሪ

лим за печење

ሰብስቦች

посуђе

ትልቅ ኩባያ

чаша

ጎድጓዳ ሳህን

посуда

ቾፕስቲክስ

штапићи за јело

ጭልፋ

кутлача

መሰቅሰቂያ ዝርግ ማንኪያ

лопатица

ማደባለቂያ

пењача

መወጠሪያ

сито за кување

ወንፊት

сито

መፈርፈሪያ መሳሪያ

рибеж

ሲሚንቶ

мужар

የፍም ጥብስ

роштиљ

የተለቀቀ እሳት

огњиште

መክተፊያ

....

даска

ተንሸራታች መርፌ

....

оклагија

የጠርሙስ መክፈቻ

....

вадичеп

ጣሳ

....

конзерва

የጣሳ መክፈቻ

....

отварач конзерви

የማሰሮ መሸፈኛ

....

крпа за лонац

ሳህን ማጠቢያ

....

судопер

ብሩሽ

....

четка

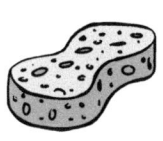

ስፖንጅ

....

сунђер

መደባለቂያ መሳሪያ

....

миксер

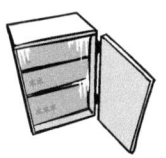

በጣም ማቀዝቀዣ

....

замрзивач

ጡጦ

....

флашица за бебе

ቧንቧ

....

славина за воду

መታጠቢያ ቤት

купаоница

ማሞቂያ
грејање
መታጠቢያ
туш
ፎጣ
пешкир
የመታጠቢያ ቤት መጋረጃ
завеса за туш
የአረፋ መታጠቢያ
пенушава купка
የመታጠቢያ ገንዳ
када
ብርጭቆ
чаша
የልብስ ማጠቢያ
машина за прање веша
славина за воду
ማዕዘን ወለል
плочице
тута
ሳህን ማጠቢያ
судопер

ሽንት ቤት

тоалет

የሽንት ቤት መቀመጫ

чучавац

ሳፋ

бидет

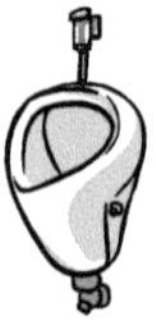

የመንገድ ዳር መሽኛ

писоар

የሽንት ቤት ወረቀት

тоалетни папир

የሽንት ቤት ማፅጃ ብሩሽ

четка за тоалет

የጥርስ ብሩሽ
....
четкица за зубе

የጥርስ ሳሙና
....
паста за зубе

የጥርስ ማፅጃ ክር
....
конац за зубе

መታጠብ
....
прати

የእጅ መታጠቢያ
....
туш ручица

መታጠቢያ
....
туш за прање интимних делова

ጎድጓዳ ሳህን
....
лавор

የጀርባ ብሩሽ
....
четка за прање леђа

ሳሙና
....
сапун

የመታጠቢያ የሚዝለገለግ ሳሙና
....
гел за туширање

የፀጉር መታጠቢያ ሳሙና
....
шампон

ለስላሳ ጨርቅ
....
крпа за прање

ፍሳሽ
....
одвод

ክሬም
....
крема

ጠረን መቀየሪያ ንጥረ ነገር
....
дезодоранс

መስታወት
....
огледало

የእጅ መስታወት
....
козметичко огледало

ምላጭ
....
бријач

የመላጫ አረፋ
....
пена за бријање

ከመላጨት በኋላ የሚቀባ ሽቱ
....
лосион за после бријања

ማበጠሪያ
....
чешаљ

ብሩሽ
....
четка

የፀጉር ማድረቂያ
....
фен за косу

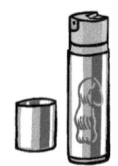

በፀጉር ላይ የሚነፋ
....
спреј за косу

የፊት መቀባቢያ
....
шминка

የከንፈር ቀለም
....
руж за усне

የጥፍር ቀለም
....
лак за нокте

የጥጥ ሱፍ
....
вата

ጥፍር መቁረጫ
....
маказе за нокте

ሽቶ
....
парфем

ማጠቢያ ባልዲ

козметичка торбица

መቀመጫ

столица

ሚዛን

вага

የመታጠቢያ ልብስ

огртач

የላስቲክ ጓንት

рукавице за чишћење

ሞዴስ

тампон

የፅዳት ፎጣ

уложак

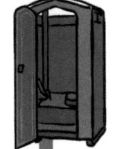

የሽንት ቤት ኬሚካል

хемијски тоалет

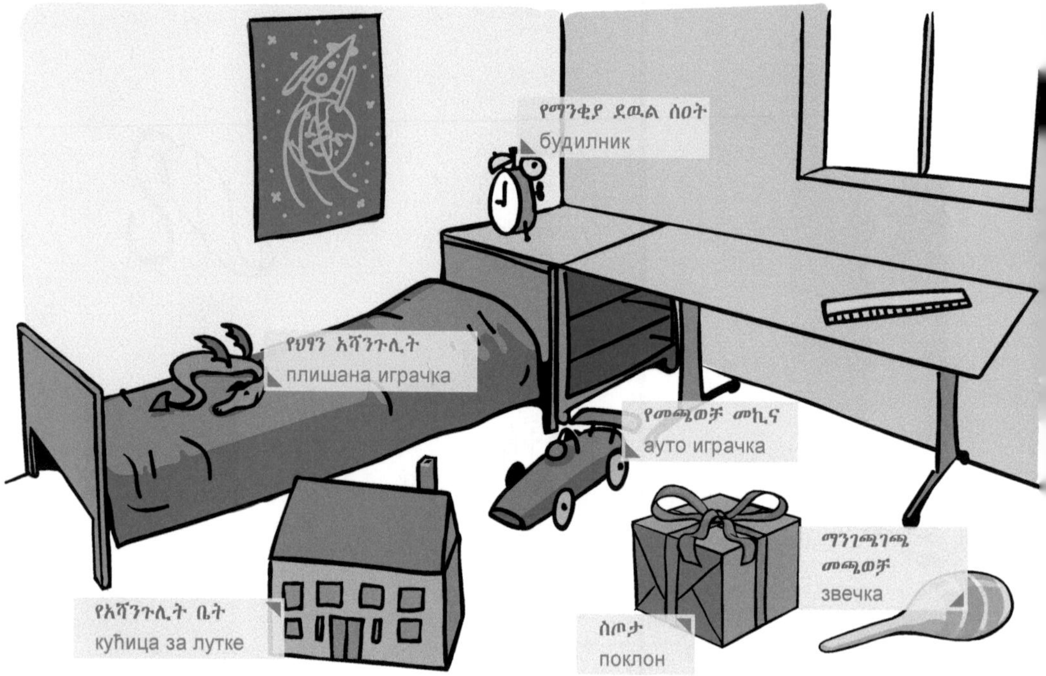

የማንቂያ ደዉል ሰዐት
будилник
የህፃን አሻንጉሊት
плишана играчка
የመጫወቻ መኪና
ауто играчка
ማንገጫገጫ
መጫወቻ
звечка
የአሻንጉሊት ቤት
кућица за лутке
ስጦታ
поклон

ፊኛ

балон

አልጋ

кревет

የህፃን ማንሸራሸሪያ ጋሪ

дјечија колица

የካርታ መጫወቻ

игра са картама

ቁርጥራጭ ምስሎችን የማገጣጠም እና ምስል የማግኘት ጨዋታ

слагалица

አዝናኝ

стрип

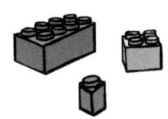

ተገጣጣሚ መጫወቻ
....
лего коцкице

የመጫወቻ መገጣጠሚያዎች
....
коцкице за слагање

የድርጊት ምስል
....
акциони јунак

የህፃን ን ድገት
....
бенкица за бебе

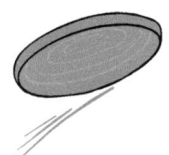

የፕላስቲክ መጫወቻ ዝርግ ሰሀን
....
фризби

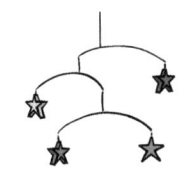

ተወዛዋዥ የህፃን ማጫወቻ
....
висеће играчке

የሰሌዳ ጨዋታ
....
друштвене игре

የመጫወቻ ጠጠር
....
коцка

የመጫወቻ ባቡር
....
минијатурна жељезница

የንጀራ ን ናት ጡጦ
....
дуда

ድግስ
....
забава

የስዕል መፅሀፍ
....
сликовница

ኳስ
....
лопта

አሻንጉሊት
....
лутка

መጫወት
....
играти

የአሸዋ መጫወቻ

пешчаник

ዥዋዥዌ

љуљачка

መጫወቻዎች

играчка

የቪዲዮ መጫወቻ

конзола за игре

ባለ ሶስት ጎማ ብስክሌት

трицикл

የአሻንጉሊት ድብ

теди

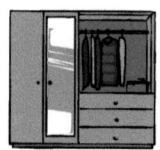

ቁምሳጥን

ормар

አልባሳት

одећа

ካልሲዎች

кратке чарапе

ስቶኪንጎች

чарапе

ታይት

хулахопке

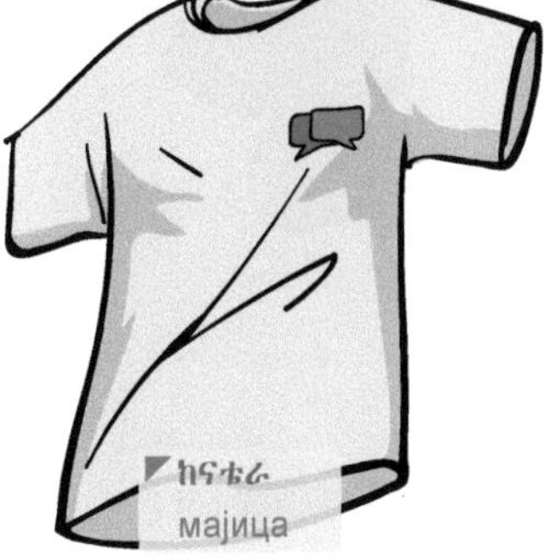

የአንገት ልብስ
шал

ጃንጥላ
кишобран

ክናቴራ
мајица

ቀበቶ
каиш

ቡቲ
чизме

የቤት ዉስጥ ነጠላ ጫማ
папуче

ስኒከሮች
патике

ነጠላ ጫማዎች
....
сандале

ጫማዎች
....
ципеле

የዝናብ ቡትስ
....
гумене чизме

ሙታንታ
....
гаћице

ጡት መያዣ
....
грудњак

ሰደርያ
....
поткошуља

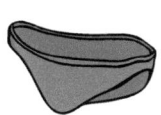
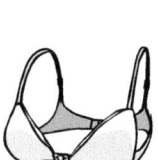
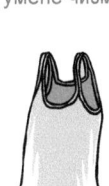

ሰዉነት

боди

ሱሪዎች

панталоне

ጅንስ

фармерке

ጉርድ ቀሚስ

сукња

ሸሚዝ

блуза

ሸሚዝ

кошуља

የሚጠለቅ ሹራብ

џемпер

ሹራብ

џемпер с капуљачом

ዩኒፎርም ጃኬት

сако

ጃኬት

јакна

ኮት

мантил

የዝናብ ኮት

кабаница

ልብስ

костим

ቀሚስ

хаљина

የሙሽራ ቀሚስ

венчаница

ሱፍ

одело

የለሊት ልብስ

спаваћица

የለሊት ልብስ

пиџама

ረጅም ቀሚስ

сари

ሂጃብ

марама за главу

ጥምጣም

турбан

ቡርቃ

бурка

ሽርጥ

кафтан

አባያ

абаја

የዋና ልብስ

купаћи костим

አጭር ቁምጣ

купаће гаћице

ቁምጣዎች

кратке панталоне

የስራ ቱታ

одећа за тренинг

ሽርጥ

кецеља

ጓንት

рукавице

ቁልፍ
....
дугме

መነፅር
....
наочаре

አምባር
....
наруквица

የአንገት ሀብል
....
огрлица

ቀለበት
....
прстен

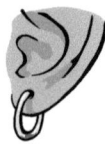

የጆሮ ጌጥ
....
наушница

ኮፍያ
....
капа

የኮት መስቀያ
....
вешалица

ኮፍያ
....
шешир

ከረባት
....
кравата

ዚፕ
....
патент затварач

የብረት ቆብ
....
кацига

መደገፊያ
....
нараменице

የትምህርት ቤት የደንብ ልብስ
....
школска униформа

የደንብ ልብስ
....
униформа

መሃረብ

подбрадак

የእንጀራ እናት ጡጦ

дуда

ሽንት ጨርቅ

пелена

ቢሮ

канцеларија

ማስራጫ ጣቢያ
сервер
የፋይል መደርደሪያ ካቢኔ
ормар за списе
የህትመት መሳሪያ
штампач
ወረቀት
папир
መቆጣጠሪያ
монитор
миш
መፃፊያ ጠረጴዛ
писаћи сто
ማህደር
мапа
የመፃፊ ቁልፎች
тастатура
ወንበር
столица
የቆሻሻ ወረቀት መጣያ ቅርጫት
кошара за папир
компјутер

የቡና መጠጫ ትልቅ ኩባያ

шалица за каву

ማስሊያ ማሽን

калкулатор

ኢንተርኔት

интернет

ላፕቶፕ

лаптоп

ደብዳቤ

писмо

መልዕክት

порука

ተንቀሳቃሽ ስልክ

мобилни телефон

የግንኙነት አዉታር

мрежа

ማባዣ ማሽን

уређај за копирање

ሶፍትዌር

софтвер

ስልክ

телефон

የግድግዳ ሶኬት

утичница

የፋክስ ማሽን

факс

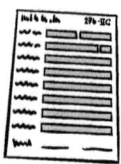

ቅፅ

формулар

ሰነድ

документ

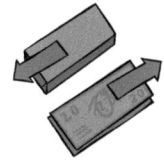

መግዛት

куповати

መክፈል

платити

መነገድ

трговати

ገንዘብ

новац

USD

ዶላር

долар

EUR

ዩሮ

евро

JPY

የን

јен

RUB

ሩብል

рубља

CHF

የስዊዝ ፍራንክ

швајцарски франак

CNY

ንሚንቢ ዩዋን

ренминдби јуан

INR

ሩፂ

рупија

የገንዘብ ነጥብ

аутомат за новац

የዉጭ ገንዘብ ምንዛሪ ቢሮ

....

меѓачница

ወርቅ

....

злато

ብር

....

сребро

ዘይት

....

нафта

ሀይል፤ ጉልበት

....

енергија

ዋጋ

....

цена

ግንኙነት

....

уговор

ቀረጥ

....

порез

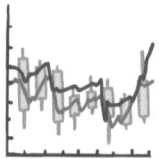

አክስዮን

....

деонице

መስራት

....

радити

ተቀጣሪ

....

службеник

ቀጣሪ

....

послодавац

ፋብሪካ

....

фабрика

ሱቅ

....

продавница

የስራ ሙያዎች

занимања

የፖሊስ አዛዥ
полицајац
የእሳት አደጋ ሰራተኛ
ватрогасац
ምግብ አብሳይ
кувар
лекар
አብራሪ
пилот

አትክልተኛ

вртлар

አናጢ

столар

ልብስ ሰፊ ሴት

кројачица

ዳኛ

судија

ቀማሚ

хемичар

ተዋናይ

глумац

የአዉቶቢስ ሹፌር

возач аутобуса

የታክሲ ሹፌር

возач таксија

አሳ አጥማጅ

рибар

ፅዳት ሰራተኛ

чистачица

የጣራ ሰራተኛ

кровопокривач

አስተናጋጅ

конобар

አዳኝ

ловац

ሰዓሊ

сликар

ጋጋሪ

пекар

የኤሌትሪክ ሰራተኛ

електричар

ገምቢ

грађевински радник

መሃሃዲስ

инжењер

ልኳንዳ

месар

የቧንቧ ሰራተኛ

лимар

የፖስታ ሰራተኛ

поштар

54 የስራ ሙያዎች - занимања

ወታደር
....
војник

መሃንዲስ
....
архитекта

የሒሳብ ሰራተኛ
....
благајник

አበባ ሻጭ
....
цвећар

የፀጉር ሰራተኛ
....
фризер

ቲኬት ቆራጭ
....
кондуктер

መካኒክ
....
механичар

ካፒቴን
....
капетан

የጥርስ ሐኪም
....
зубар

ተመራማሪ
....
научник

መምህር
....
раби

የሙስሊም ሃይማኖታዊ መሪ
....
имам

መነኩሴ
....
монах

ካህን
....
свећеник

መሳሪያዎች

алати

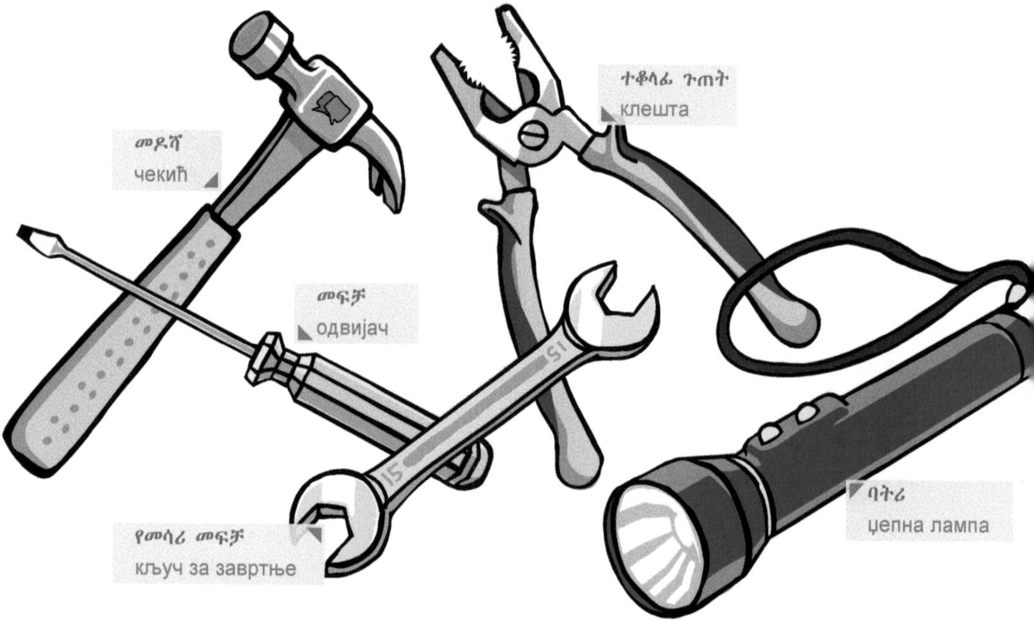

መዶሻ
чекић
ተቆላፊ ጉጠት
клешта
መፍቻ
одвијач
የመሳሪ መፍቻ
кључ за завртње
ባትሪ
џепна лампа

በቁፋሮ የሚዝቅ

багер

የመፍቻ ሳጥን

кутија за алат

መሰላል

мердевине

መጋዝ

пила

ምስማር

ексер

መሰርሰሪያ

бушилица

መጠገን
....
поправити

አካፋ
....
лопата

የተረገመ!
....
до ђавола!

ቆሻሻ ማፈሻ
....
лопатица

የቀለም ቆርቆሮ
....
лонац за боју

ብሎን
....
завртањи

የሙዚቃ መሳሪያዎች

музички инструмент

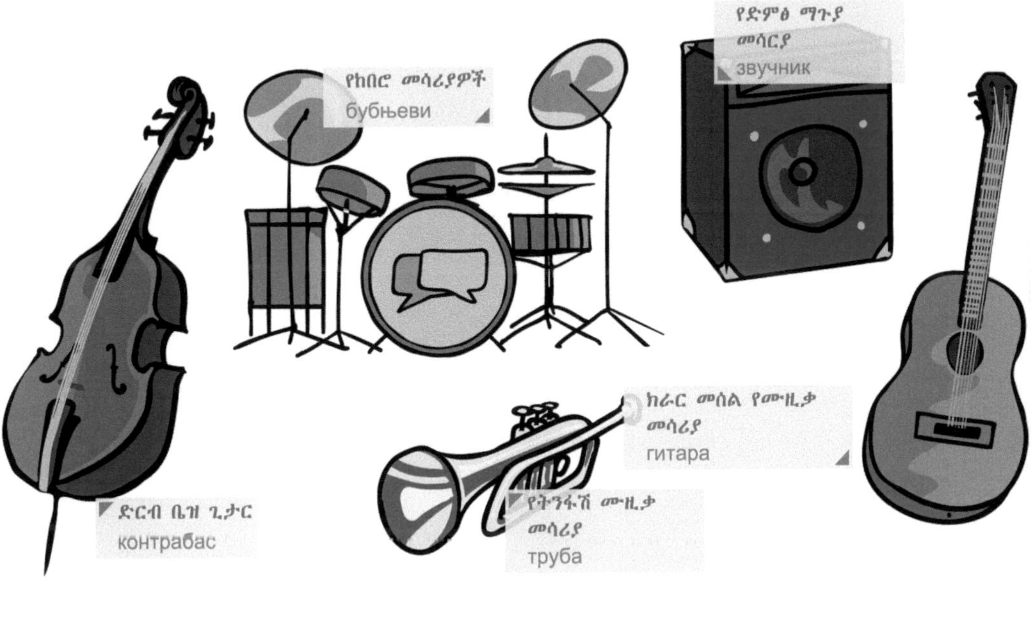

የድምፅ ማጉያ መሳርያ
звучник
የከበሮ መሳሪያዎች
бубњеви
ክራር መሰል የሙዚቃ መሳሪያ
гитара
የትንፋሽ ሙዚቃ መሳሪያ
труба
ድርብ ቤዝ ጊታር
контрабас

ፒያኖ

клавир

ቫዮሊን

виолина

ወፍራም፤ ጎርናና ድምፅ ያለዉ ክራር መሰል ሙዚቃ መሳሪያ

бас

ነጋሪት

тимпани

ከበሮ

удараљке за бубњеве

በኤሌክትሪክ የሚሰራ ፒኖ

типке клавира

የትንፋሽ ሙዚቃ መሳሪያ

саксофон

ዋሽንት

флаута

የድምፅ ማጉያ

микрофон

የደር እንስሳት ማቆያ

зоолошки врт

ነብር
тигар
ሳጥን
кавез
የሜዳ አህያ
зебра
የእንስሳ ምግብ
улаз

እንስሳቶች

животиње

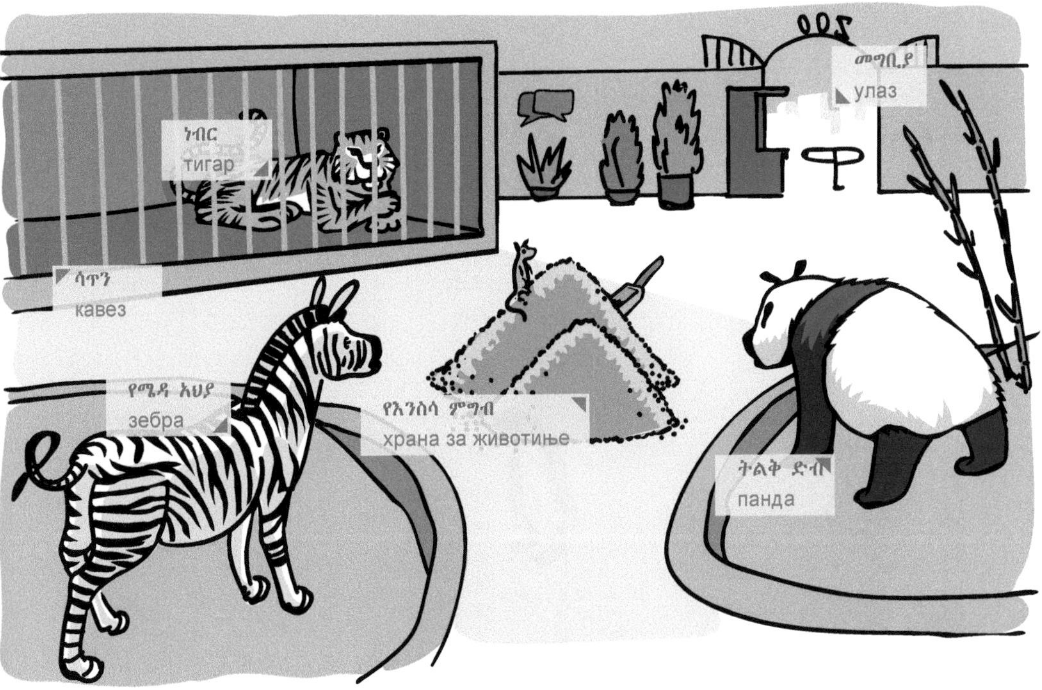

ዝሆን

слон

ካንጋሮ

кенгур

አዉራሪስ

носорог

ትልቅ ዝንጀሮ

горила

ድብ

медвед

ግመል
....
камила

ሰጎን
....
нoј

አንበሳ
....
лав

ጦጣ
....
мајмун

ቅልጥመ ረዥም ወፍ
....
фламинго

በቀቀን
....
папагај

የወዋልታ ድብ
....
поларни медвед

የዋልታ ወፎች
....
пингвин

ረጅም ጥርሶች ያሉትአሳ ነባሪ
....
ајкула

ጣዎስ
....
паун

እባብ
....
змија

አዞ
....
крокодил

የዱር አራዊት የሚጠበቁበት
ማቆያን የሚጠብቅ
....
чувар у зоолошком врту

አሳ በሊታ የባህር እንስሳ
....
туљан

የዱር ድመት
....
јагуар

ድንክ ፈረስ

пони

ነብር

леопард

ጉማሬ

нилски коњ

ቀጭኔ

жирафа

ንስር

орао

ከርከሮ

дивља свиња

አሳ

риба

የባህር ኤሊ

корњача

የባህር አዉሬ

морж

ቀበሮ

лисица

የሜዳ ፍየል፤ ሚዳቋ

газела

የስፖርት አይነቶች

спорт

የአሜሪካ እግርኳስ
амерички ногомет
የብስክሌት ስፖርት
бициклизам
ቴኒስ
тенис
የቅርጫት ኳስ
кошарка
ዋና
пливање
የቡጢ ስፖርት
бокс
የበረዶ ላይ የገና ጨዋታ
хокеј на леду

እግር ኳስ

....

фудбал

የላበ ኳስ ጨዋታ

....

бадминтон

አትሌቲክስ

....

атлетика

የእጅ ኳስ ስፖርት

....

рукомет

የበረዶ መንሸራተት ስፖርት

....

скијање

ፈረስ ግልቢያ

....

поло

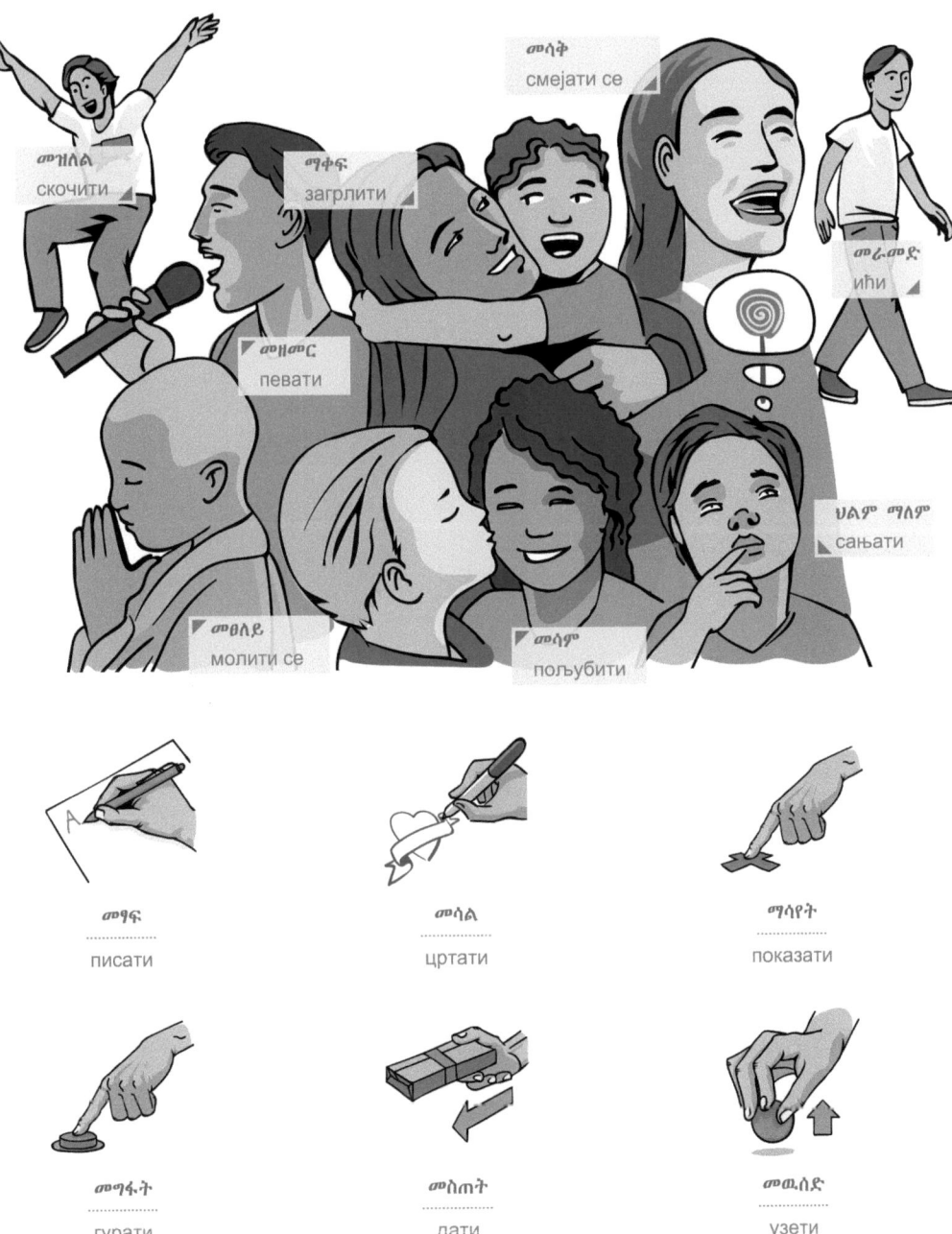

መሳቅ
smejati se

መዝለል
скочити

ማቀፍ
загрлити

መዘመር
певати

መራመድ
ићи

ህልም ማለም
сањати

መፀለይ
молити се

መሳም
пољубити

መፃፍ
писати

መሳል
цртати

ማሳየት
показати

መግፋት
гурати

መስጠት
дати

መዉሰድ
узети

መያዝ

имати

ማድረግ

чинити

መሆን

бити

መቆም

стојати

መሮጥ

трчати

መሳብ

повлачити

መወርወር

бацити

መዉደቅ

падати

መዋሸት

лежати

መጠበቅ

чекати

መሸከም

носити

መቀመጥ

седити

መልበስ

облачити

መተኛት

спавати

መንቃት

пробудити се

መመልከት

....

гледати

ማልቀስ

....

плакати

መጫር

....

миловати

ማበጠር

....

чешљати

ማዉራት

....

говорити

መረዳት

....

разумети

ጥያቄ

....

питати

ማዳመጥ

....

слушати

መጠጣት

....

пити

መብላት

....

јести

ማንፃት

....

поспремити

ማፍቀር

....

волети

ምግብ ማብሰል

....

кухати

መንዳት

....

возити

መብረር

....

летети

መርከብ መንዳት

пловити

ቁጥሮችን ማስላት

рачунати

ማንበብ

читати

መማር

учити

መስራት

радити

ማግባት

венчати се

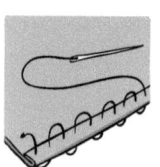

መስፋት

шити

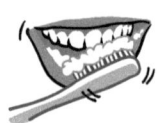

ጥርስ መቦረሽ

прати зубе

መግደል

убити

ማጨስ

пушити

መላክ

послати

የሴት አያት
бака

የወንድ አያት
деда

አባት
отац

እናት
мајка

ህፃን
беба

ሴት ልጅ
кћерка

ወንድ ልጅ
син

እንግዳ
гост

አክስት
тетка

አጎት
ујак, стриц

ወንድም
брат

እህት
сестра

አካል

тело

ግንባር
чело
አይን
око
ትከሻ
раме
ጣት
прст
ፊት
лице
አገጭ
брада
እጅ
рука
ጡት
груди
እግር
нога
ክንድ
рука

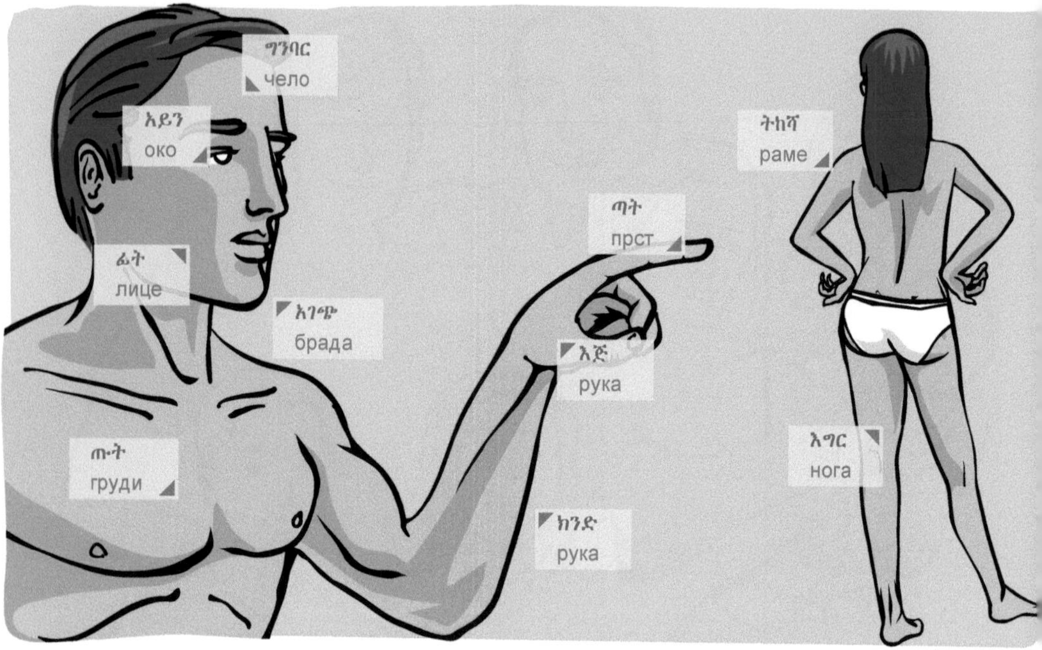

ህፃን

беба

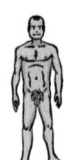

ሰዉ

мушкарац

ሴት

жена

ልጃገረድ

девојчица

ወንድ ልጅ

дечак

ራስ

глава

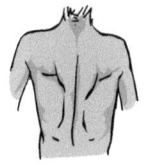

ጀርባ
....
леђа

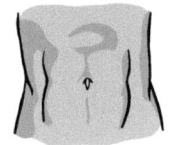

ሆድ
....
стомак

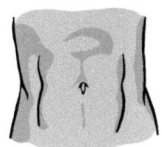

እምብርት
....
пупак

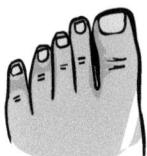

የእግር ጣት
....
ножни прст

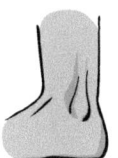

ተረከዝ
....
пета

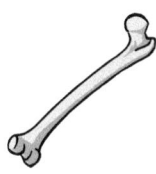

አጥንት
....
кост

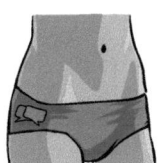

ዳሌ
....
кукови

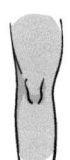

ጉልበት
....
колено

ክርን
....
лакат

አፍንጫ
....
нос

ቂጥ
....
задњица

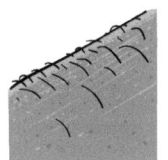

ቆዳ
....
кожа

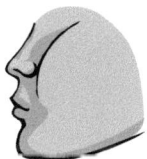

ጉንጭ
....
образ

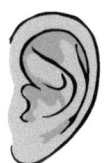

ጆሮ
....
уво

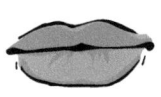

ከንፈር
....
усна

አፍ
....
уста

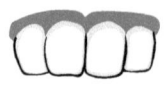

ጥርስ
....
зуб

ምላስ
....
језик

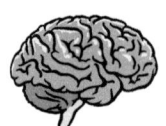

አንጎል
....
мозак

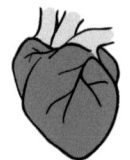

ልብ
....
срце

ጡንቻ
....
мишић

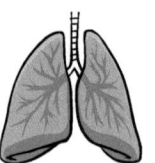

ሳምባ
....
плућа

ጉበት
....
јетра

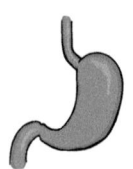

ሆድ
....
желудац

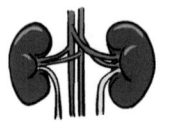

ኩላሊቶች
....
бубрези

የግብረስጋ ግንኙነት
....
полни однос

ኮንዶም
....
кондом

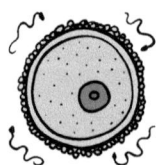

የሴት እንቁላል
....
јајна ћелија

የዘር ፈሳሽ
....
сперма

እርግዝና
....
трудноћа

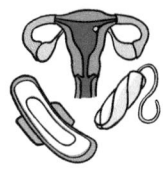

የወር አበባ
....

менструација

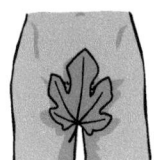

ምስ
....

вагина

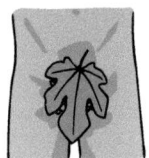

ቁላ
....

пенис

ቅንድብ
....

обрва

ፀጉር
....

коса

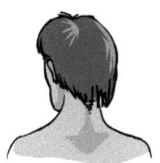

አንገት
....

врат

ሆስፒታል
болница

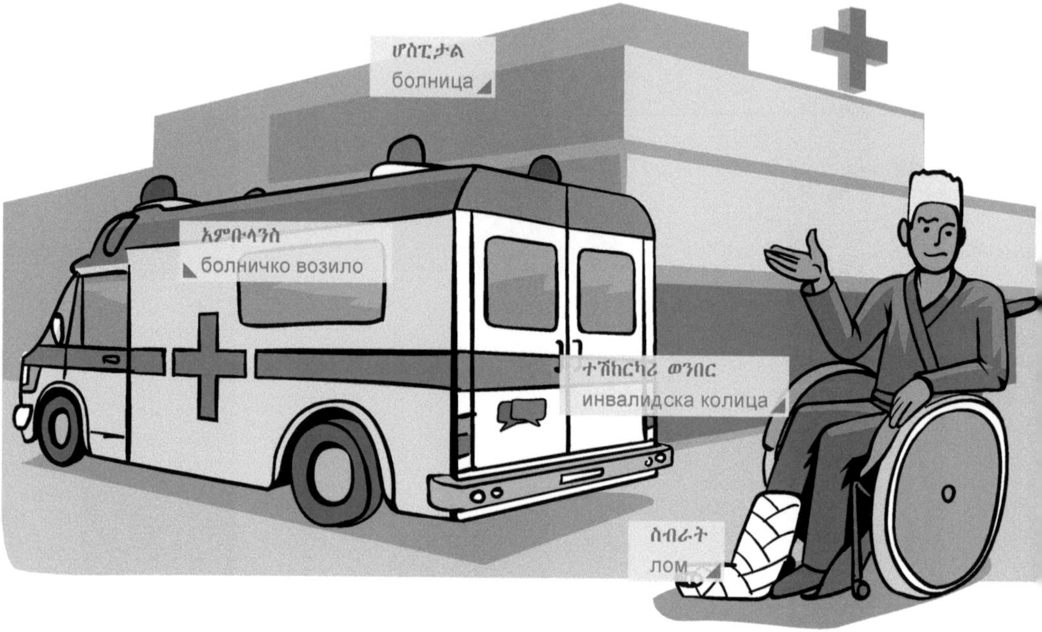

болница
አምቡላንስ
болничко возило
ተሽከርካሪ ወንበር
инвалидска колица
ስብራት
лом

ዶክተር

лекар

ድንገተኛ ክፍል

хитна медицинска служба

ነርስ

медицинска сестра

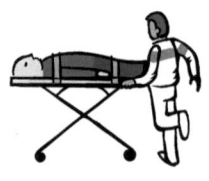

ድንገተኛ

хитни случај

ራስን መሳት/ አለማወቅ

несвест

ህመም

бол

ጉዳት
....
повреда

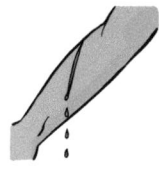

መድማት
....
крварење

የልብ ድካም
....
срчани удар

ስትሮክ
....
удар

አለርጂ
....
алергија

ሳል
....
кашаљ

ትኩሳት
....
грозница

ኢንፍሎዌንዛ
....
грипа

ተቅማጥ
....
пролив

የራስ ምታት
....
главобоља

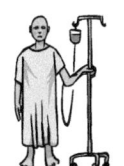

ካንሰር
....
рак

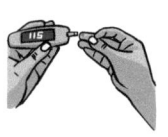

የስኳር በሽታ
....
дијабетес

ቀዶ ጠጋኝ ሐኪም
....
хирург

የቀዶ ጥገና ስለት
....
скалпел

ቀዶ ጥገና
....
операција

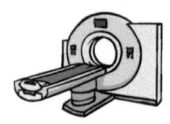

ሲቲ

цт

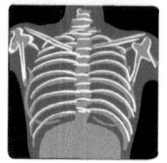

ኤክስሬዩ

рентген

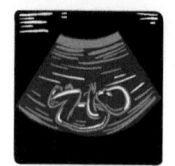

አልትራሳዉንድ

ултразвук

የፊት ጭምብል

маска

በሽታ

болест

መጠበቂያ ክፍል

чекаона

ምርኩዝ

штака

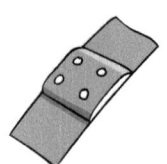

የቁስል ማሸጊያ

фластер

ፋሻ

завој

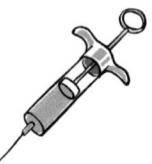

መርፌ

ињекција

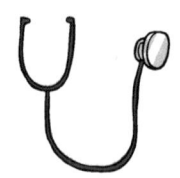

የልብ ምት ማዳመጫ መሳሪያ

стетоскоп

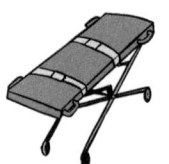

የበሽተኛ አልጋ

носила

የህክምና ሙቀት መለኪያ መሳሪያ

термометар

መውለድ

рођење

ከልክ ያለፈ ክብደት

прекомерна тежина

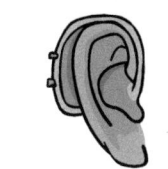

ለመስማት የሚረዳ መሳሪያ

слушни апарат

ፀረ ተባይ መድሀኒት

средство за дезинфекцију

ማመርቀዝ

инфекција

ቫይረስ

вирус

ኤች አይቪ ኤድስ

хив / аидс

ህክምና

медицина

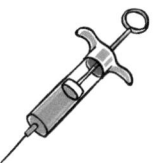

ክትባት

вакцинација

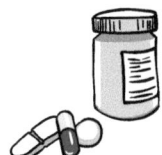

ኪኒን

таблете

ኪኒን

пилула

አስቸኳይ የስልክ ጥሪ

хитни позив

ደም ግፊት መቆጣጠሪያ

уређај за мерење
притиска

ህመም/ ጤንነት

болесно / здраво

ድንገተኛ

хитни случај

እርዳታ!

помоћ!

ማንቂያ ደዉል

аларм

ጥቃት

насртај

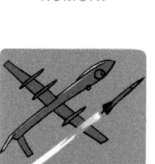

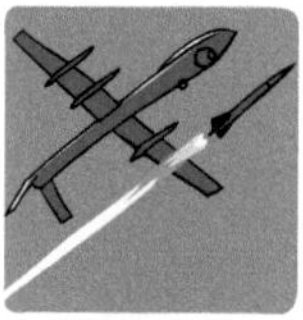

ድብደባ

напад

አደጋ

опасност

የድንገተኛ መዉጫ

излаз у случају нужде

እሳት!

пожар!

እሳት ማጥፊያ

противпожарни апарат

አደጋ

незгоца

የመጀመሪያ እርዳታ መድሃኒት መያዣ

кутија прве помоћи

ነፍስ አድን

сос

ፖሊስ

полиција

ምድር
земља

አዉሮፓ

Европа

ሰሜን አሜሪካ

Северна Америка

ደቡብ አሜሪካ

Јужна Америка

አፍሪካ

Африка

እስያ

Азија

አዉስትራሊያ

Аустралија

አትላንቲክ

Атлантик

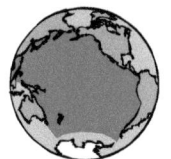

ፓስፊክ

Пацифик

የህንድ ዉቅያኖስ

Индијски океан

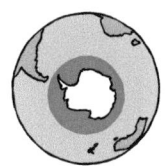

አንታርክቲክ ዉቅያኖስ

Антарктички океан

አርክቲክ ዉቅያኖስ

Арктички океан

ሰሜን ዋልታ

Северни рол

ደቡብ ዋልታ

Јужни рол

አንታርክቲካ

Антарктик

ምድር

земља

መሬት

земља

ባህር

море

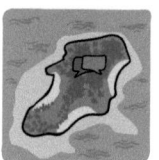

ደሴት

оток

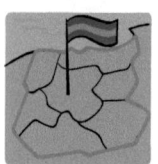

አገርና ህዝብ

нација

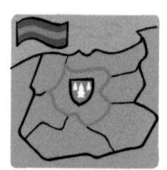

መንግስት

држава

ሰዓት

сат

የሰዓት ገፅታ

бројчаник сата

ሰዓት

сатна казаљка

ደቂቃ

минутна казаљка

ሴኮንድ

секундна казаљка

ስንት ሰዓት ነው?

Колико је сати?

ቀን

дан

ጊዜ

време

አሁን

сада

የቁጥር ሰዐት

дигитални сат

ደቂቃ

минута

ሰዓታት

час

ሳምንት

седмица

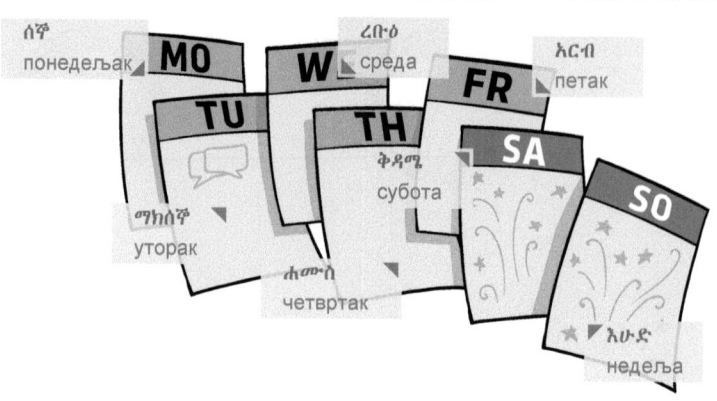

ሰኞ
понедељак
ማክሰኞ
уторак
ረቡዕ
среда
ሐሙስ
четвртак
ቅዳሜ
субота
петак
እሁድ
недеља

ትላንት

јуче

ዛሬ

данас

ነገ

сутра

ማለዳ

јутро

ቀትር

подне

ምሽት

вече

የስራ ቀናት

радни дани

የዕረፍት ቀናት

викенд

ዓመት

година

ቀስተ ዳመና
дуга
ዝናብ
киша
ጥጥ የሚመስል አመዳይ
በረዶ
снег
ветар
ፀደይ
пролеће
መኸር
јесен
በጋ
лето
ክረምት
зима

4.APRIL 11°
5.APRIL 4°
6.APRIL 13°
7.APRIL 8°
8.APRIL 10°

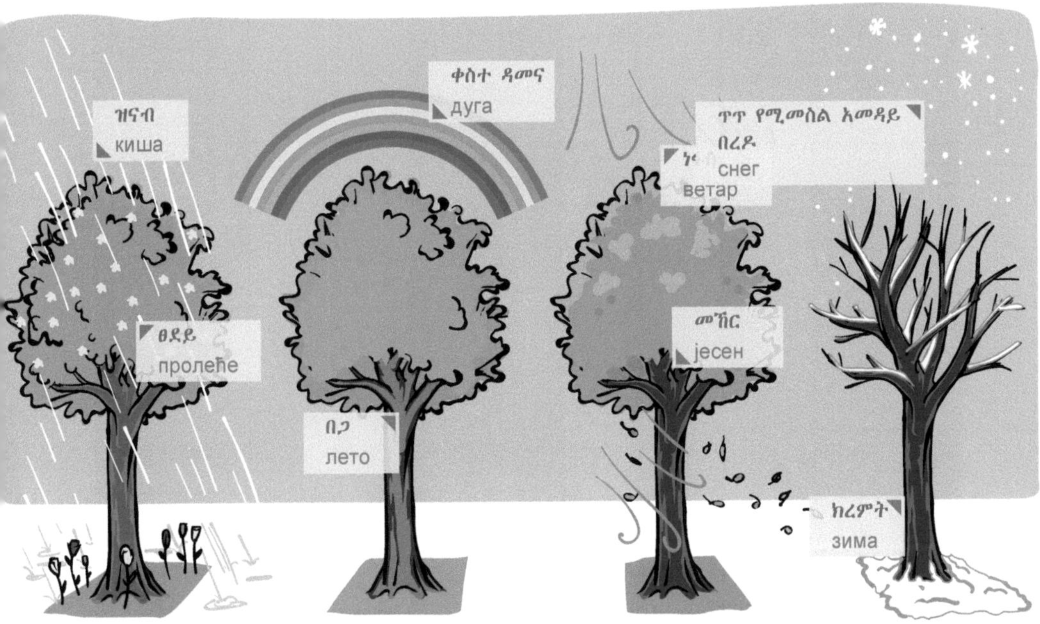

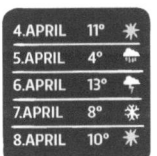

የአየር ሁኔታ ትንበያ

метеоролошка прогноза

F C
120 90 60 30 0 -30
40 30 20 10 0 -10 -20

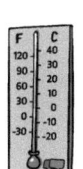

የሙቀት መለኪያ

термометар

የፀሀይ ሙቀት

сунчана светлост

ደመና

облак

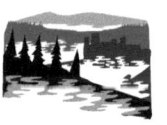

ጭጋግ

магла

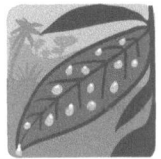

እርጥበታማነት

влажност ваздуха

መብረቕ

....

муња

ነጎድጓድ

....

грмљавина

አዉሎ ንፋስ

....

олуја

የበረዶ ዝናብ

....

туча

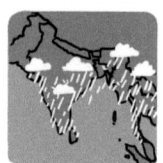

አዉሎ ንፋስ

....

монсун

ጎርፍ

....

поплава

በረዶ

....

лед

ጥር

....

јануар

የካቲት

....

фебруар

መጋቢት

....

март

ሚያዚያ

....

април

ግንቦት

....

мај

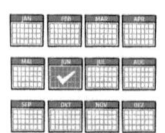

ሰኔ

....

јуни

ሐምሌ

....

јули

ነሀሴ

....

август

መስከረም

септембар

ጥቅምት

октобар

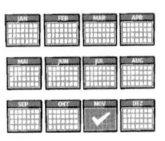

ህዳር

новембар

ታህሳስ

децембар

ቅርፆች

облици

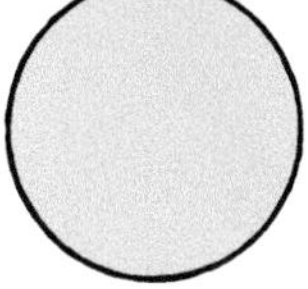

ክብ

круг

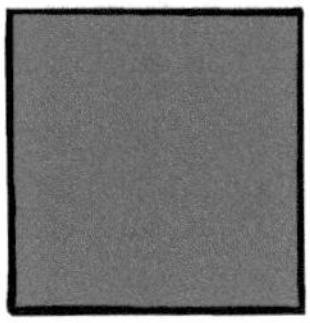

አራት ማዕዘን

квадрат

አራት ቀጥተኛ ማዕዘኖች ጎኖች ያሉት ቅርፅ

правоугао

ሶስት ማዕዘን

троугао

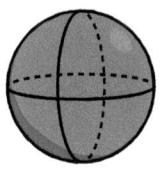

ሉል

кугла

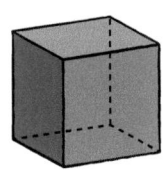

ስድስት ጎን ያለዉ ቅርፅ

коцка

ቀለማት

boje

ነጭ

бела

ቢጫ

жута

ብርቱካናማ

наранџаста

ሮዝ

ружичаста

ቀይ

црвена

ወይን ጠጅ

љубичаста

ሰማያዊ

плава

አረንጓዴ

зелена

ቡኒ

смеђа

ግራጫ

сива

ጥቁር

црна

супротности

ብዙ/ ጥቂት

много / мало

ንዴት/ እርጋታ

љутито / мирно

ቆንጆ/ አስቀያሚ

лепо / ружно

ጅማሬ/ ፍፃሜ

почетак / крај

ትልቅ/ ትንሽ

велико / малено

ደማቅ/ ደብዛዛ

светло / тамно

ወንድም/ እህት

брат / сестра

ንፁህ/ ቆሻሻ

чисто / прљаво

የተሟላ/ ያልተሟላ

потпуно / непотпуно

ቀን/ ምሽት

дан / ноћ

የሞተ/ ህያዉ

мртво / живо

ሰፊ/ ጠባብ

широко / уско

የሚበላ/ የማይበላ

јестиво / нејестиво

ክፉ/ ደግ

зло / добро

ደስተኛ/ ድብርተኛ

узбуђено / досадно

ወፍራም/ ቀጭን

дебело / мршаво

መጀመርያ/ መጨረሻ

на почетку / на крају

ጓደኛ/ ጠላት

пријатељ / непријатељ

ሙሉ/ ጎዶሎ

пуно / празно

ጠንካራ/ ለስላሳ

тврдо / мекано

ከባድ/ ቀላል

тешко / лагано

ረሃብ/ ጥማት

глад / жеђ

ህመም/ ጤንነት

болесно / здраво

ህገወጥ/ ህጋዊ

илегално / легално

ጎበዝ/ ደደብ

паметно / глупо

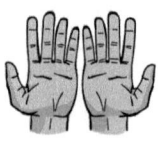

ግራ/ ቀኝ

лево / десно

ቅርብ/ ሩቅ

близу / далеко

አዲስ/ አሮጌ

ново / половно

ምንም/ የሆነ ነገር

ништа / нешто

ሽማግሌ/ ወጣት

старо / младо

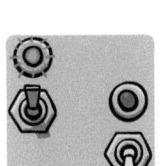

የበራ/ የጠፋ

укључено / искључено

ክፍት/ ዝግ

отворено / затворено

ፀጥታ/ ጫጫታ

тихо / гласно

ሃብታም/ ደሃ

богато / сиромашно

ትክክለኛ/ የተሳሳተ

тачно / погрешно

ሻካራ/ ለስላሳ

храпаво / глатко

ሐዘን/ ደስታ

тужно / сретно

አጭር/ ረዥም

кратко / дуго

ዝግተኛ/ ፈጣን

полако / брзо

እርጥብ/ ደረቅ

мокро / сухо

ሞቃት/ ቀዝቃዛ

топло / хладно

ጦርነት/ ሰላም

рат / мир

ቁጥሮች
бројеви

0

ዜሮ

нула

1

አንድ

један

2

ሁለት

два

3

ሶስት

три

4

አራት

четири

5

አምስት

пет

6

ስድስት

шест

7

ሰባት

седам

8

ስምንት

осам

9

ዘጠኝ

девет

10

አስር

десет

11

አስራ አንድ

једанаест

12

አስራ ሁለት
....
дванаест

13

አስራ ሶስት
....
тринаест

14

አስራ አራት
....
четрнаест

15

አስራ አምስት
....
петнаест

16

አስራ ስድስት
....
шестнаест

17

አስራ ሰባት
....
седамнаест

18

አስራ ስስምንት
....
осамнаест

19

አስራ ዘጠኝ
....
деветнаест

20

ሃያ
....
двадесет

100

መቶ
....
стотину

1.000

ሺህ
....
хиљаду

1.000.000

ሚሊዮን
....
милион

ቋንቋዎች

језици

እንግሊዝኛ

енглески

የአሜሪካ እንግሊዝኛ

амерички енглески

የቻይና ማንዳሪን

мандарински кинески

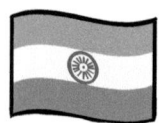

ሂንዱ

хиндски

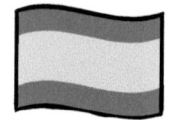

ስፓኒሽ

шпански

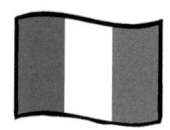

ፍሬንች

француски

አረብኛ

арапски

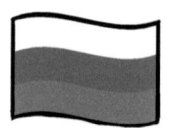

ራሺያኛ

руски

ፖርቱጊዝ

португалски

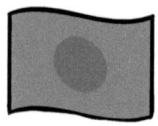

ቤንጋሊ

бенгалски

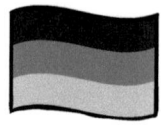

ጀርመን

немачки

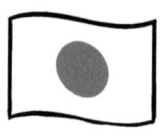

ጃፓንኛ

јапански

እኔ

ja

አንተ

ти

♂ ♀ ⚲

እሱ/ እርሷ/ እቃዉ

он / она / оно

እኛ

ми

አንተ

ви

እነርሱ

они

ማን?

Ко?

ምን?

Шта?

እንዴት?

Како?

የት?

Где?

መቼ?

Када?

HELLO, I AM

ስም

име

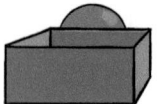

где

በስተጀርባ

иза

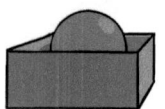

ዉስጥ

у

ከፊት ለፊት

испред

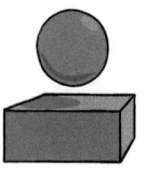

ከላይ

преко

ላይ

на

ከስር

испод

አጠገብ

поред

መሃከል

између

ቦታ

место